CATALOGUE

DES

DESSINS ANCIENS

DE TOUTES LES ÉCOLES

RELATIFS A LA

DÉCORATION ET L'AMEUBLEMENT

FORMANT

LA COLLECTION DE FEU M. J. CARRÉ

Dont la vente aux enchères publiques aura lieu

HOTEL DES COMMISSAIRES-PRISEURS, RUE DROUOT, N° 9

SALLE N° 5

Les Mardi 5, Mercredi 6 et Jeudi 7 Juin 1888.

A DEUX HEURES TRÈS PRÉCISES

Par le ministère de Me **MAURICE DELESTRE**, Commissaire-Priseur,
27, rue Drouot, 27.

Assisté de **M. JULES BOUILLON**, Marchand d'Estampes de la Bibliothèque nationale, successeur de CLEMENT, rue des Saints-Pères, 3.

EXPOSITION PUBLIQUE

Le Lundi 4 juin 1888, de deux heures à cinq heures.

—

PARIS — 1888

CONDITIONS DE LA VENTE

Elle sera faite au comptant.

Les Acquéreurs payeront CINQ POUR CENT en sus des enchères applicables aux frais.

ORDRE DES VACATIONS

Mardi	5 Juin...........................	Nos	1 à 228
Mercredi	6 »		229 à 457
Jeudi	7 »		458 à la fin.

DÉSIGNATION

DESSINS

ADAM

1 — Ornementation pour dessus de cheminée avec glace.

Au lavis de sépia, rehaussé de blanc.

AMMAN (Jost)

2 — Armoiries avec figures de femmes de chaque côté, pour un vitrail.

A la plume et lavis d'encre de Chine.

ANONYMES DU XVIIe SIÈCLE

3 — Décor d'une galerie, avec fenêtres.

A la plume et lavis de sépia.

4 — Modèles pour joailliers et bijoutiers.

Quatre dessins à la plume et lavis de sépia.

5 — Bijou ayant la forme d'un oiseau, dont la queue, formant aigrette, est garnie de brillants et de pierres précieuses.

Aquarelle et gouache.

ANONYME ITALIEN DU XVIIe SIÈCLE

6 — Monument surmonté d'une statue de femme sous un dais. — Vasque en forme de char.

Deux dessins à la plume et lavis de sépia, rehaussés de blanc.

ANONYMES DU XVIIIe SIÈCLE

6 *bis* — Entrées de palais.

Deux dessins à la plume et lavis d'encre de Chine.

ANONYMES DU XVIIIe SIÈCLE

6 *ter* — Façades de palais.
Deux dessins à la plume et lavis d'encre de Chine.

6 *quat.* — Projets pour un tombeau.
Deux dessins à la plume et lavis d'encre de Chine.

7 — Cadre, — Cartouches et poignée d'épée.
Quatre dessins à la plume et lavis de couleur.

ARPINO (J. d')

8 — Frise d'ornement avec figures de femmes debout, et enfants.
A la plume et lavis de sépia.

AVRIL

9 — Chambre à coucher, avec alcôve.
Au lavis d'encre de Chine et d'aquarelle.

BABEL (P.-E.)

10 — Encadrements de glaces, avec décors dans le haut.
Six dessins à la plume et lavis d'encre de Chine.

11 — Cartouches.
Trois dessins à la plume et lavis d'encre de Chine.

12 — Cartouche.
Au crayon noir.

BALECHOU J.-J.)

13 — Modèles de ferronnerie pour balustrade ou rampe d'escalier.
Deux dessins à la sanguine.

BARRAU

14 — Plan et élévation géométrale des bâtiments à faire dans le parc du château de M. le marquis de Fourqueveaux.
A la plume et lavis de sépia.

BELLARTI

15 — Modèle de carrosse. En bas on lit : *Carozzo disigne del padre Bellarti.*

A la plume et lavis d'encre de Chine.

BERAIN (J.)

16 — Panneau d'ornement en hauteur; au milieu : Mars et Vénus.

A la plume et lavis de sépia.

17 — Frises d'ornements et arabesques.

Sept dessins à la plume.

18 — Montants d'ornements.

Trois dessins à la plume.

19 — Cavaliers en riches costumes pour un carrousel.

Trois dessins au lavis d'aquarelle.

20 — Cavaliers en riches costumes pour un carrousel.

Six dessins à la plume et sanguine.

21 — Princesse à cheval en riche costume, pour un carrousel.

A la plume et lavis d'aquarelle.

BERNINI (G.-L.)

22 — Composition d'architecture, pour frontispice de livre.

A la plume et lavis d'encre de Chine.

BERTHAULT (P.-G.)

23 — Médaillon avec amours et guirlande de fleurs.

Au lavis d'aquarelle.

BIANCHI (B.)

24 — Monuments avec statues pour décor de jardins.

A la plume et lavis de bistre.

BIBIENA

25 — Intérieur d'église; sur le devant, un autel où est exposé le Saint-Sacrement.

A la plume et lavis d'encre de Chine.

BIBIENA

26 — Galerie d'un palais.

A la plume et lavis de sépia.

27 — Galerie d'un palais.

A la plume et lavis de sépia.

28 — Palais et monuments d'Italie.

Cinq dessins à la plume avec lavis de sépia et d'encre de Chine.

29 — Veduta del procenio con scena et cortille, — Gabinetto Reggio.

Deux dessins faisant pendants à la plume et lavis de bistre.

29 *bis* — Monuments d'architecture, Intérieurs de palais, Églises, places publiques, etc.

Douze dessins à la plume avec lavis d'encre de Chine et sépia.

30 — Ornements et orfèvrerie d'église.

Cinq dessins à la plume et lavis de sépia.

BLONDEL

31 — Intérieur de chambre à coucher, avec lit au milieu.

A la plume et lavis d'encre de Chine.

32 — Encadrement de glace avec trophée dans le haut.

A la plume et lavis d'encre de Chine.

33 — Deux modèles de vases sur une même feuille.

A la plume et lavis d'encre de Chine.

34 — Frises, avec figures de femmes dont les corps se terminent en rinceaux d'ornements. Deux sujets sur une même feuille.

A la plume et lavis d'encre de Chine.

35 — Arc de triomphe.

A la plume et lavis d'encre de Chine.

36 — Vue du Val-de-Grâce.

A la plume et lavis d'encre de Chine.

37 — En-têtes de pages pour l'édition des Œuvres de Molière.

Quatre dessins au lavis d'encre de Chine.

BOFFRAND (G.)

38 — Lambris pour la chambre ducale du château de Richelieu.

Au lavis d'encre de Chine et d'aquarelle.

39 — Lambris, avec porte et fenêtre surmontées d'une tête de bélier.

A la plume et lavis d'encre de Chine.

40 — Corniches et bordures pour plafonds.

Deux dessins à la plume et lavis d'aquarelle.

BONNET (C.)

41 — Vase avec frise d'amours sur la panse.

Au lavis d'encre de Chine et d'aquarelle, signé et daté 1778.

BOSSE

41 *bis* — Modèles de poêles.

Deux dessins au lavis d'encre de Chine et d'aquarelle.

BOUCHARDON (Ed.)

42 — Fontaine monumentale, avec Neptune sur un cheval marin.

A la sanguine.

43 — Fontaine; en haut, les armes du roi.

Au lavis d'encre de Chine.

44 — Amour sur un poisson chimérique, pour une fontaine.

A la plume et lavis d'encre de Chine.

BOUCHER (F.)

45 — L'Automne; arabesque en hauteur avec figures d'amours et buste de Bacchus au milieu.

Au crayon noir, rehaussé de blanc; a été gravé.

46 — Frontispice allégorique, avec buste de Louis XV, pour l'*Histoire de Louis XV*.

Au crayon noir; il est accompagné de la gravure.

BOULLE (André-Ch.)

47 — Modèle de régulateur.
A la sanguine.

BOYVIN (René)

48 — Aiguière.
A la plume et lavis de sépia.

49 — Modèle d'ornementation pour plafond.
A la plume et lavis.

BOYVIN (R.)?

50 — Bacchus sur une brouette que roule un satyre.
A la plume et crayon noir.

BURGMARTER (J.-G.) 1747

51 — Allégorie religieuse pour coupole d'une chapelle.
Au crayon noir, rehaussé de blanc.

52 — Ecce agnus Dei. Allégorie religieuse pour plafond d'église.
Au crayon noir, rehaussé de blanc.

CAILLOUET

53 — Grille pour entrée de château.
A la plume et lavis d'encre de Chine.

CAMBON 1820

54 — Bains orientaux, projet pour un établissement.
Au lavis de sépia.

CARRACHE (A.)

55 — Cartouche pour éventail ou écran.
A la plume et lavis de sépia.

56 — Arrière d'un vaisseau; au milieu, les armes de la ville de Gênes.
A la plume et lavis de sépia.

57 — Frontispice du Recueil de têtes de caractères et de charges dessinées par Léonard de Vinci, et gravées par M. le comte de Caylus, 1767.
Au lavis de sépia.

CARAVAGE (Polydore de)

58 — Apollon et les muses, composition en forme d'éventail.
A la plume et lavis de sépia.

59 — Nymphes et Tritons, dessin en forme de frise.
A la plume et lavis de sépia.

60 — Chandelier d'autel.
A la plume et lavis de sépia.

CAUVET (G.-P.)

61 — Alcôve de chambre à coucher, avec lit.
A la plume et lavis d'encre de Chine.

62 — Intérieur de chambre à coucher; le lit à gauche, dans un alcôve.
A la plume et lavis d'encre de Chine.

63 — Alcôve avec lit, — Trumeaux de chambre à coucher, — Pilastres pour cheminées.
Trois dessins à la plume et lavis d'encre de Chine.

64 — Décor d'un salon avec cheminée et glace au milieu.
A la plume et lavis d'encre de Chine.

65 — Les deux côtés de la décoration d'un salon.
Deux dessins à la plume et lavis d'encre de Chine.

66 — Intérieurs d'appartement avec portes et glaces.
Trois dessins à la plume avec lavis d'encre de Chine.

67 — Intérieur d'un salon avec glaces et porte au milieu.
A la plume et lavis d'encre de Chine.

68 — Lambris avec glace au milieu.
A la plume et lavis d'encre de Chine.

69 — Trumeaux de glaces.
Deux dessins à la plume et lavis d'encre de Chine.

70 — Entrée d'un palais avec escalier tournant et porte au milieu, au-dessus de laquelle on lit le mot : *Chancellerie*, de chaque côté le chiffre du Roi surmonté de la couronne.
Au lavis d'encre de Chine.

CAUVET (G.-P.)

71 — Décor d'un bout de galerie, avec statues dans des niches.

A la plume et lavis d'encre de Chine.

72 — Décor d'une galerie avec porte au milieu. La bordure vers le bas est ornée de la lettre H avec fleurs de lis.

A la plume et lavis d'encre de Chine.

73 — Dessus de porte d'un palais, avec figures de femmes dont les corps finissent en rinceaux d'ornements.

A la plume et lavis d'encre de Chine.

74 — Décor d'une porte avec médaillon au-dessus.

A la plume et lavis d'encre de Chine.

75 — Plafond avec ornements et sujets.

Au crayon noir.

76 — Montant d'ornement pour décoration d'un panneau avec glace.

Au lavis d'encre de Chine.

77 — Montant d'ornement, pour portes ou panneaux. Deux compositions sur une même feuille.

A la plume et lavis d'encre de Chine.

78 — Encadrements de glaces avec trumeau, — cheminée.

Trois dessins à la plume, crayon noir et mine de plomb.

79 — Frise d'ornement, avec Hercule enfant au milieu.

Au crayon noir.

80 — Frise d'ornement, avec amours et vases.

Au lavis de sépia, rebaussé de blanc.

81 — Frises avec amours offrant un sacrifice.

Deux dessins au crayon noir et mine de plomb.

82 — Frise avec lyre au milieu, — montant d'ornement avec figure de femme et amours.

Au crayon noir.

83 — Arabesque; en bas, deux syrènes.

A la plume et lavis d'encre de Chine.

CAUVET (G.-P.)

84 — Trophées et frises d'ornement.

Trois dessins à la plume et lavis d'encre de Chine.

85 — Frises et montants d'ornements pour panneaux, encadrements, bordures, etc.

Trente-deux dessins à la plume et crayon noir.

86 — Modèle de table.

A la plume et lavis d'encre de Chine.

87 — Modèles de tables.

Quatre dessins au lavis d'encre de Chine, crayon noir et mine de plomb.

88 — Modèles de lits.

Trois dessins à la plume, avec lavis d'encre de Chine, crayon noir et mine de plomb.

89 — Haut de lit, — Dessus de glace, — Trumeau avec cheminée et glace au milieu.

Trois dessins à la plume et lavis d'encre de Chine.

90 — Console avec glace au-dessus, — frises d'ornements, trois sujets sur une même feuille.

Deux dessins à la plume avec lavis d'encre de Chine et de bistre.

91 — Modèle de Lutrin et intérieur d'église.

A la plume et lavis d'encre de Chine.

92 — Vase avec deux syrènes formant les anses.

A la plume.

93 — Vase avec figures, sur les côtés.

Au crayon noir.

94 — Vases ornés.

Deux dessins à la plume.

95 — Décorations pour fontaines, — Trophée.

Quatre dessins à la plume.

95 *bis* — Moitié d'un montant d'ornement, avec médaillon et lyre au milieu.

A la sanguine.

CAUVET (G.-P.)

95 *ter* — Frise d'ornements, de feuillages et de fleurs.
A la sanguine.

95 *quat.* — Chandelier d'église, avec têtes d'anges.
A la plume et lavis de sépia.

CHALLE (Ch.-Michel-Ange)

96 — Modèle de chaire à prêcher.
A la plume.

97 — Fontaines avec figures de Syrènes et Dragons.
A la plume et lavis d'encre de Chine.

CHARPENTIER

98 — Trophées formés des attributs de la Musique.
Au crayon noir.

CHAUVEAU

99 — Décor de théâtre, avec riche cortège entrant en scène.
A la plume et lavis d'encre de Chine.

CHERPITEL

100 — Fontaine en forme de vase supporté par des dauphins.
Au crayon noir.

CHEVILLET

101 — Modèle de cheminée.
A la plume et lavis d'encre de Chine et sépia.

102 — Modèle de table, avec inscription de la main de l'artiste datée du 5 mars 1743.
A la sanguine.

CHOFFART (P.-P.)

103 — Décor d'un haut de colonne, avec figure de femme et guirlande de fleurs.
A la sanguine.

104 — Ornement pour dessus de glace, avec écusson au milieu.
A la sanguine; a été gravé.

CHOFFART (P.-P.)

105 — Trophées.

Deux dessins au crayon noir.

106 — Feuille d'acanthe et fleurs pour modèle de feux.

A la sanguine, signé ; a été gravé.

CHOFFART, CLERMONT ET GIRARD

107 — Principes d'ornements, pour ferronnerie.

Trente-sept dessins à la sanguine, beaucoup ont été gravés. Ce lot pourra être divisé.

CHOFFART ET LAFAGE

108 — Encadrement de glace, — dessus de clavecin.

Deux dessins à la plume et crayon noir.

CLODION

109 — Bacchanales d'enfants.

Deux dessins au crayon noir, rehaussés de blanc ; sur papier teinté.

110 — Têtes de Satyres.

Au crayon noir.

COCK (J.-C.-D.)

111 — Vases avec leurs couvercles.

Suite de six dessins à la plume et lavis d'encre de Chine.

COLLOT (P.)

112 — Modèle de chenet.

A la plume et lavis d'encre de Chine.

CONCA (S.)

113 — Cartouche ; en haut, deux amours soutenant une draperie.

A la plume et lavis d'encre de Chine.

114 — Encadrement de glace ; en haut deux amours dont un soutient une couronne.

A la plume et lavis de sépia.

CORNILLE

115 — Décoration de lambris, avec fenêtres et cheminée.
A la plume et lavis d'encre de Chine.

116 — Décor d'un salon, avec statues sur les côtés.
A la plume et lavis d'encre de Chine.

117 — Porte de salon, avec ornementation au-dessus.
A la plume.

118 — Décoration pour un autel.
A la plume et lavis d'encre de Chine.

CORNU

119 — Plafond avec rosace au milieu.
A la plume et lavis d'aquarelle.

CORTONE (P. DE)

120 — Ornementation avec figures de guerriers, pour un plafond.
A la plume et lavis de sépia.

121 — Galerie d'un très riche palais.
A la plume et lavis de sépia.

COTELLE

122 — Ornementation pour plafond.
Au crayon noir.

123 — Décor pour fronton avec cartouche au milieu.
A la plume et lavis d'encre de Chine.

124 — Vase avec couvercle.
A la sanguine.

COTTART (P.)

125 — Ornementation pour un plafond avec aigles dans les angles.
A la plume et lavis d'encre de Chine.

COUSTOU (d'après)

126 — Descente de croix, exécutée dans le chœur de Notre-Dame.

A la plume et lavis d'encre de Chine.

COYPEL (Ch.)

127 — Diane et Endymion, en forme d'éventail.

A la sanguine, rehaussé de blanc.

128 — Gloires d'anges, pour tableau d'autel.

Au lavis de sépia, rehaussé de blanc et de sanguine.

129 — Cartouche avec trophées d'attributs militaires; en haut, Pallas et un amour.

A la sanguine et lavis d'encre de Chine.

CUVILLIER (L.-C. de)

130 — Modèle de régulateur.

Au crayon noir.

131 — Lambris avec cheminée; au milieu, une composition représentant une collation champêtre.

A la plume et lavis de sépia.

132 — Plafonds en voussures.

Deux dessins au crayon noir.

133 — Partie de plofond.

A la plume et crayon noir.

DAIGREMONT

134 — Décor pour plafond d'une galerie.

A la sanguine.

D'AVILER

135 — Lambris et grilles pour un chœur d'Église. On lit en en bas : *fait en 1759 par nous architecte soussigné. D'Aviler.*

A la plume et lavis d'encre de Chine.

D'AVILER

136 — Projet des deux chapelles à construire aux deux côtés de la grille d'entrée du chœur de l'Église cathédrale de Sens. 1759.

A la plume.

DELACOUR

137 — Bouquet de roses.

A la sanguine.

DELAFOSSE (J.-C.)

138 — Salon d'hôtel avec porte et cheminée au milieu, et trophée militaire au milieu du haut.

A la plume et lavis d'encre de Chine, signé.

139 — Décor de lambris pour une galerie.

A la plume et lavis d'encre de Chine.

140 — Vestibule d'un palais, avec groupes de statues dans des niches.

A la plume et lavis d'encre de Chine.

141 — Le trône du roi Louis XV.

A la plume et lavis d'encre de Chine et sépia.

142 — Modèle de fauteuil.

A la plume et lavis d'encre de Chine et d'aquarelle.

143 — Modèle d'applique à trois branches.

A la plume et lavis d'encre de Chine.

144 — Chandeliers, deux dessins.

A la plume et lavis d'encre de Chine.

145 — Modèle d'huilier.

A la plume et lavis d'encre de Chine.

146 — Modèle de pot à bière, avec anse et couvercle.

A la plume et lavis d'encre de Chine, signé des initiales de l'artiste.

147 — Modèles de chaires à prêcher.

Deux dessins à la plume et lavis d'encre de Chine.

DELAFOSSE (J.-C.)

148 — Trophées avec attributs de chasse, de pêche, etc.

Quatre dessins à la plume et lavis d'encre de Chine. Deux sont signés.

149 — Trophée d'attributs guerriers, surmonté d'un aigle.

Au lavis d'encre de Chine.

150 — Trophée d'attributs militaires.

A la plume et lavis d'encre de Chine.

151 — Trophée d'attributs militaires avec frise d'ornement au-dessous.

A la plume et lavis d'encre de Chine.

152 — Trophée d'attributs militaires, supporté par un aigle.

A la plume, avec lavis d'encre de Chine et sépia.

153 — Trophées d'attributs pastoraux et guerriers.

Deux dessins à la plume et lavis d'encre de Chine.

154 — Trophée pour servir de bordure au manteau de l'Ordre du Saint-Esprit.

A la plume et lavis de sépia.

155 — Encadrement avec fronton, pour un calendrier.

A la plume et lavis d'encre de Chine.

156 — Frise d'ornement avec vase au milieu; sur la panse, une danse d'amours

A la plume.

157 — Vases de jardin, avec figures sur la panse.

Deux dessins au lavis d'encre de Chine.

158 — Vase avec deux cygnes formant les anses.

Au lavis d'encre de Chine et de bistre.

159 — Fontaine supportée par quatre statues d'hommes nus.

Au crayon noir.

160 — Porte rustique.

A la plume et lavis d'encre de Chine.

DELAFOSSE (J.-C.)

161 — Monument funèbre.
A la plume et lavis d'encre de Chine.

162 — Urne et tombeaux.
Trois dessins à la plume et lavis d'encre de Chine.

163 — L'histoire, allégorie.
A la plume et lavis d'encre de Chine.

DELARUE (L.-F.)

164 — Les Enfants vendangeurs.
Deux dessins à la sanguine et lavis d'encre de Chine.

165 — Chandelier à quatre branches et colonne ionique.
A la plume et lavis d'encre de Chine.

DECKER (P.)

166 — Façade d'un riche palais.
A la plume et lavis d'encre de Chine.

DECRENISSE

167 — Projet de monument à la gloire de Monseigneur le duc de Villeroy.
A la plume et lavis d'encre de Chine.

DELORME (Ph.)

168 — Cariatides.
Deux dessins à la plume et lavis d'encre de Chine.

DEMONTIGNY

169 — Études de vases pour servir aux décorations d'architecture, 1780. Deux sujets sur une même feuille.
A la plume et lavis de sépia.

DESPREZ

170 — Confessionnaux et autel.
Trois dessins à la plume et lavis d'encre de Chine.

DE SÈVE

171 — Trophée d'attributs d'agriculture soutenu par deux amours.

Au lavis de sépia, rehaussé de blanc.

DE WAILLY

172 — Élévation du salon de l'hôtel de Gave, prise du côté des portes d'entrée.

Au lavis d'encre de Chine, signé.

173 — Plafond du salon Spinola, exécuté à Gênes.

A la plume et lavis d'encre de Chine et sépia.

174 — Décor avec porte vitrée au milieu.

A la plume et lavis de sépia.

175 — Projet de fontaine sur une place publique.

Au lavis d'encre de Chine et d'aquarelle.

DIETERLIN

176 — Feux d'artifice.

Deux dessins à la plume et lavis de sépia.

DIVERS

177 — Décorations pour plafonds.

Trois dessins au lavis d'encre de Chine et de bistre.

178 — Fauteuil, — frise d'ornement, — fleurons, — portrait du duc H. de Saxe.

Sept dessins à la sanguine et encre de Chine.

179 — Fontaine, — lucarne et porte d'entrée d'un parc.

Quatre dessins à la plume et lavis d'encre de Chine.

180 — Projets d'architecture.

Trois dessins au lavis d'encre de Chine et d'aquarelle.

181 — Rampe d'une galerie, — Marteau de porte, — Amours, etc.

Quatre dessins au crayon noir et lavis.

182 — Chiffres et lettres ornées.

Dix dessins au lavis d'encre de Chine et d'aquarelle.

DOTELIN

183 — Bacchanale d'enfants.

A la sanguine et encre de Chine.

DOUAY

184 — Vases sur piédestaux.

Quatre dessins à la plume et lavis d'aquarelle, signés et datés 1795.

DUBOIS (Étienne)

185 — Composition d'ornement, avec figures de femmes nues et tritons, pour éventail.

Au lavis d'aquarelle, signé et daté 1799.

186 — Composition d'ornement pour un éventail; au milieu la statue de Vénus dans une niche.

Au lavis d'aquarelle, signé et daté 1799.

187 — Le Palais du Capitole, de chaque côté une reproduction de la mosaïque représentant les colombes du Capitole.

Au lavis de gouache et d'aquarelle.

188 — Rosace d'où partent trois rinceaux d'ornements avec figures; composition pour plafond ou éventail.

A la plume et lavis d'aquarelle.

189 — Arabesques.

Deux compositions, aquarelles.

190 — Projet de place publique avec fontaines.

A la plume et lavis de couleurs.

191 — Coupe d'un salon, galerie et chambre à coucher.

Deux dessins à la plume et lavis d'encre de Chine.

DUCERCEAU (P.-A.)

192 — Entrelacs d'ornement.

A la plume.

DUFLOS

193 — Colliers et pendeloques, six sujets sur une même feuille.

Au lavis d'encre de Chine et d'aquarelle.

DUGOURE (J.-D.)

194 — Arabesque avec figures de femmes.

A la plume et lavis de sépia.

195 — Arabesque; vers le bas sont représentées les Trois Grâces.

A la plume et crayon.

196 — Montant d'ornement; au milieu, un médaillon rond, dans lequel est représenté l'Amour sur un dauphin.

A la plume et lavis de bistre;

197 — Arabesques avec figures.

Cinq dessins à la plume, dont un avec lavis de sépia.

198 — Modèle de lustre, avec lampes.

Au lavis d'encre de Chine et d'aquarelle.

199 — Modèle de lustre, avec figures.

A la plume et lavis d'aquarelle.

200 — Modèle de pendule, ayant été exécutée pour le Roi.

Au lavis de couleurs.

201 — Pendule dessinée en 1791.

A la plume et lavis d'aquarelle.

202 — Vase avec figures de Syrènes, formant les anses. — Jardinière.

Deux dessins au lavis d'aquarelle

DUMONT

203 — Trophées d'attributs religieux. Deux compositions sur une même feulle.

A la plume et lavis d'encre de Chine.

204 — Trophées d'attributs religieux.

Quatre dessins au crayon et lavis de sanguine.

ÉCOLE ALLEMANDE DU XVe SIÈCLE

205 — Le Mois de février, dessin pour un vitrail.

A la plume.

205 *bis* — Fontaine monumentale en forme de colonne, surmontée de la statue de Neptune.

A la plume et lavis d'encre de Chine.

ÉCOLE ALLEMANDE DU XVIe SIÈCLE

206 — Rétable d'autel.

A la plume et lavis de sépia, sur vélin.

207 — Un saint Évêque et une sainte en prière aux pieds de la croix. Pour un tableau d'autel.

A la plume et lavis d'encre de Chine.

208 — Armoiries; à gauche, un chevalier debout. Dessin pour vitrail.

A la plume et lavis d'encre de Chine.

209 — Armoiries avec figures de femmes et d'enfants sur les côtés, pour un vitrail.

A la plume.

210 — Armoiries et figures, pour modèles de vitraux.

Trois dessins à la plume et lavis d'encre de Chine.

211 — Ornements pour dessus de tabatières.

Quatre dessins à la plume.

212 — Les vendanges, en forme de frise.

A la plume.

ÉCOLE ALLEMANDE DU XVIIe SIÈCLE

213 — Allégorie religieuse; au milieu, le Sauveur du monde, Adam et Eve et l'Annonciation; de chaque côté, les apôtres saint Pierre et saint Paul debout.

A la plume et lavis de sépia.

214 — Modèle de vase en ivoire et bronze.

A la plume et lavis d'encre de Chine et sépia.

215 — Cartouches.

Deux dessins à la plume et lavis d'encre de Chine.

ÉCOLE ALLEMANDE DU XVIIIe SIÈCLE

216 — Intérieur d'un salon avec cheminée au milieu.

A la plume et lavis d'encre de Chine.

217 — Montant d'ornement, symbolisant le mois de février pour vitrail.

A la plume et lavis d'encre de Chine.

ÉCOLE FRANÇAISE DU XVIe SIÈCLE

218 — Chapiteau avec guirlandes de fleurs et de fruits; au milieu, une tête d'enfant.

A la sanguine et crayon noir.

219 — Encadrement de cartouche, pour frontispice de livre.

A la plume et lavis de sépia.

ÉCOLE FRANÇAISE DU XVIIe SIÈCLE

220 — Décoration d'un haut d'autel, au milieu la sainte Vierge; de chaque côté une statue de saint sur un piédestal.

A la plume et lavis de sépia.

221 — Autel à colonnes avec statues de Saints.

A la plume et lavis d'aquarelle.

222 — Chandelier d'église orné de figures d'anges.

A la plume et lavis de sépia.

223 — Chandelier d'église, avec têtes de chérubins et figure de femme debout.

A la plume et lavis d'encre de Chine.

224 — Décoration élevée à Rome pour célébrer la naissance du duc de Bretagne.

A la plume et lavis d'encre de Chine et de sépia.

225 — Décor d'architecture avec mascaron au milieu et figures de femmes.

A la plume et lavis d'encre de Chine.

226 — Modèle de broderie.

A la plume et lavis de couleurs.

ÉCOLE FRANÇAISE DU XVIIe SIÈCLE

227 — Motif d'ornement avec instrument de physique au milieu.

A la plume et lavis d'encre de Chine.

228 — Porte d'une ville.

A la plume et lavis de sépia.

229 — Cartouche pour un frontispice de livre; en haut, le Père éternel sur des nuages.

A la plume et lavis de sépia.

230 — Cartouche formé d'attributs guerriers aux armes du Roi, pour congé militaire.

A la plume et lavis de sépia.

231 — Congé de la marine; en haut, la Renommée soutient les armes du Roi.

Au lavis de sépia.

ÉCOLE FRANÇAISE DU XVIIIe SIÈCLE

232 — Modèle de calèche découverte.

A la plume et lavis d'encre de Chine.

233 — Décor en treillage formant pavillon, avec le plan au-dessous.

A la plume et lavis de couleurs.

234 — Décoration d'un salon avec panneaux en laque.

A la plume et lavis de couleurs.

235 — Intérieur d'une salle de spectacle d'été.

A la plume et lavis d'aquarelle.

236 — Vestibule avec panneaux en marbre.

A la plume et lavis d'aquarelle.

237 — Coupe d'une galerie. — Entrée d'un palais.

Deux dessins à la plume et lavis d'encre de Chine.

238 — Décor d'un haut de galerie avec arabesques. — Hauts d'une galerie avec colonnes et statues.

Trois dessins au lavis de sépia, rehaussés de blanc.

ÉCOLE FRANÇAISE DU XVIIIe SIÈCLE

239 — Escalier dans le musée du Louvre.

Au crayon noir et mine de plomb.

240 — Intérieur de salon avec frise en haut où est représenté le triomphe de Bacchus.

A la plume.

241 — Cheminée du salon de la Guerre, à Versailles.

A la plume.

242 — Décoration intérieure d'un salon.

Deux dessins à la plume et lavis de sépia.

243 — Elévation du péristyle de l'École de médecine, avec le plan au-dessous.

A la plume et lavis d'encre de Chine.

244 — Cheminée aux armes du Roi, avec buste de femme et femmes nues debout de chaque côté.

A la plume et lavis de sépia.

245 — Ornementation pour plafond, au milieu un concert d'Amours sur les nuages.

Au lavis d'encre de Chine et d'aquarelle.

246 — Table du Palais-Royal. Quatre dessins différents, représentant les divers côtés de cette table.

A la plume et lavis d'encre de Chine.

247 — Partie supérieure du baromètre du Palais-Royal.

A la plume et lavis d'encre de Chine.

248 — Modèle de table.

A la plume et lavis d'encre de Chine.

249 — Surtout de table surmonté d'un filet avec des poissons; au milieu du bas, un écusson posé sur deux dauphins.

A la plume et lavis d'encre de Chine.

250 — Surtout de table, avec figures de satyres soutenant des vases; au milieu, une femme assise tient une coquille.

Au crayon noir.

ÉCOLE FRANÇAISE DU XVIIIe SIÈCLE

251 — Modèles de plats et soupières.

Six dessins au crayon noir et lavis.

252 — Soupières.

Deux dessins à la plume et lavis d'encre de Chine.

253 — Modèle de cafetière; sur la panse, un médaillon avec guirlandes de fleurs.

Au lavis de sépia, rehaussé de blanc.

254 — Candélabres avec figures de satyres et d'amours.

Deux dessins à la sanguine.

255 — Modèle de pendule avec figure de femme nue au-dessus.

Au lavis de couleurs.

256 — Autre modèle de pendule surmontée d'un coq.

Au lavis de couleurs.

257 — Modèle de console avec guirlandes de fleurs.

A la plume et lavis d'encre de Chine et sépia.

258 — Modèle d'un calice.

A la plume et lavis d'encre de Chine.

259 — Modèle de pendule surmontée d'un soleil, avec arabesques sur les côtés.

A la plume et lavis de sépia.

260 — Vasque, fauteuil, cafetière, etc. Sept modèles sur une même feuille.

A la plume et lavis de sépia.

261 — Torchère, d'après l'antique.

Au lavis d'encre de Chine et sépia.

262 — Pieds de table ou console, d'après l'antique.

A la plume et lavis de sépia.

263 — Ameublements, d'après l'antique, — Gaine, — Fontaine, etc.

Quatre dessins à la plume et lavis de sépia.

ÉCOLE FRANÇAISE DU XVIIIe SIÈCLE

264 — Décor de théâtre avec statues et palais de forme circulaire dans le fond.

A la plume et lavis d'encre de Chine.

265 — Apothéose pour un théâtre.

A la plume et lavis d'encre de Chine.

266 — Grand vase avec anses formées d'oiseaux chimériques.

A la sanguine.

267 — Vase à deux anses; sur la panse, une danse d'amour, et guirlandes de fleurs.

A la plume et lavis d'encre de Chine et sépia.

268 — Vase à deux anses; sur la panse, une frise d'amours vendangeant.

Au lavis de sépia, rehaussé de blanc.

269 — Vase avec anses et couvercle, posé sur un meuble, — Fontaines.

Deux dessins à la plume et lavis ; un est accompagné de la gravure.

270 — Vases avec couvercles.

Deux dessins à la plume et lavis de sépia.

271 — Vase; sur la panse, un médaillon où sont représentés quatre amours pressant des raisins dans une coupe.

Au crayon noir, rehaussé de blanc.

272 — Vase sur un piédestal; sur la panse, un bas-relief représentant un sacrifice à Priape.

A la plume et lavis de sépia.

273 — Vases richement ornés de figures.

Quatre dessins au lavis d'encre de Chine.

274 — Vases, mascarons et cariatides.

Quatre dessins à la plume, crayon noir et sanguine.

275 — Vases et frises d'ornement, ornés de guirlandes de fleurs, avec figures.

Cinq dessins à la plume et lavis de bistre.

ÉCOLE FRANÇAISE DU XVIIIe SIÈCLE

276 — Fontaines dans un intérieur de palais, avec porte au milieu.

A la plume et lavis de couleurs.

277 — Fontaines avec figures de femmes et d'enfants.

Trois dessins à la plume et lavis d'encre de Chine.

278 — Fontaines avec corps de femme, dont les jambes se terminent en queues de poissons.

Deux dessins à la plume et lavis de sépia.

279 — Fontaines de places publiques.

Deux dessins au crayon noir et sanguine.

280 — Fontaines ornées de lions et de dauphins.

Deux dessins au crayon noir et lavis d'encre de Chine.

281 — Fontaines pour milieux de places publiques.

Deux dessins au lavis d'encre de Chine et aquarelle.

282 — Fontaine surmontée d'un vase, — Fontaine surmontée d'un groupe de femmes debout.

Deux dessins à la plume et lavis d'encre de Chine.

283 — Fontaine surmontée d'une colonne, — Fontaine surmontée d'une statue de Mercure.

Deux dessins à la plume et lavis d'encre de Chine.

284 — Fontaine avec figures de syrènes.

A la plume et lavis d'encre de Chine.

285 — Fontaine avec la statue de Vénus, — Fontaine avec groupe de femmes et de dauphins.

A la plume et lavis d'encre de Chine.

286 — Fontaines avec esclaves enchaînés, — Frise et trophée d'attributs militaires, — Torchère ou lustre.

Trois dessins à la plume et lavis d'encre de Chine.

287 — Fontaine surmontée d'un dauphin et de deux amours.

Au lavis d'encre de Chine.

ÉCOLE FRANÇAISE DU XVIIIe SIÈCLE

288 — Fontaines, groupes, trophées, etc.

Deux dessins à la plume et lavis d'encre de Chine.

289 — Frise d'ornement, au milieu deux femmes assises dos à dos.

Au lavis de sépia, rehaussé de blanc.

290 — Frise d'ornement; au milieu, dans un cartouche, une offrande à Bacchus, — Frise de fleurs et feuillages.

Deux dessins au crayon noir et lavis d'encre de Chine.

291 — Fronton aux armes du Roi, — Frise avec corbeille de fruits et deux aigles, — Frontons de la galerie et de l'église de Versailles.

Trois dessins à la plume et lavis d'encre de Chine et sépia.

292 — Les Vertus, — Frises avec figures de femmes tenant des guirlandes de fleurs, — Vases supportés par deux hommes nus.

Trois dessins à la plume et sanguine.

293 — Montant d'ornement avec figures de femmes et d'enfants.

A la plume et lavis de sépia.

294 — Montant d'ornement avec figure de femme cariatide vers le bas.

A la plume et lavis de sépia.

295 — Gaine avec arabesque au milieu.

A la plume et lavis de sépia.

296 — Petites arabesques avec figures.

Quatre dessins à la plume et lavis d'encre de Chine.

297 — Frise d'ornement avec rosaces sur les côtés et mascaron au milieu.

Au lavis d'aquarelle.

298 — Frises avec vase au milieu. Deux compositions sur une même feuille.

A la plume et lavis d'encre de Chine.

ÉCOLE FRANÇAISE DU XVIIIe SIÈCLE

299 — Trophées d'attributs militaires, religieux et pastoraux.

Trois dessins à la plume et lavis d'encre de Chine et sépia.

300 — Trophées des frontons des écuries de Versailles.

Deux dessins à la sanguine

301 — Trophées d'attributs religieux.

Deux dessins à la plume avec lavis d'encre de Chine et sépia.

302 — Montant d'ornement formant trophée avec têtes de bélier.

A la plume et lavis d'encre de Chine.

303 — Cadre avec guirlandes de fleurs, et sonnet au milieu,

A la plume.

304 — Modèle de cadre.

Au lavis d'encre de Chine.

305 — Encadrements de glaces, surmontés de frontons ornementés.

Trois dessins à la plume et à lavis d'encre de Chine.

306 — Bordure d'ornement avec figures, pour plafond.

A la plume et lavis de sépia.

307 — Bordures et rosaces pour décoration d'un plafond.

A la plume et lavis d'encre de Chine.

308 — Chapiteaux. Huit modèles sur une même feuille

A la plume et a lavis de sépia.

309 — Portique avec tête de satyre en haut.

Au lavis d'encre de Chine.

310 — Petit côté de la sale des cent suisses du Palais du Vice Légat d'Avignon, — Chapiteaux et trophée.

Trois dessins à la plume et lavis d'encre de Chine.

311 — La colonne trajane.

Deux dessins à la plume et lavis d'encre de Chine.

312 — Fonds de chapelles, avec tombeaux sur le devant.

Quatre dessins à la plume et lavis d'encre de Chine.

ÉCOLE FRANÇAISE DU XVIIIe SIÈCLE

313 — Autel monumental très richement orné de sujets religieux et d'ornements. Au milieu du haut, le Christ en croix.

A la plume et lavis d'encre de Chine, rehaussé de blanc.

314 — Monuments funèbres, dessins d'après les tombeaux et mausolées des Églises et couvents de Paris.

Soixante six dessins au crayon noir et à la plume avec lavis de sanguine et de sépia. Ce lot pourra être divisé.

ÉCOLE FLAMANDE DU XVIe SIÈCLE

315 — Buffet à trois compartiments.

A la plume et lavis de sépia, marqué des initiales P. P.

ÉCOLE HOLLANDAISE DU XVIIe SIÈCLE

316 — Vases ornés de figures, avec amours dans le bas.

Deux dessins au lavis d'encre de chine, rehaussés de blanc.

317 — Dessin d'un navire richement orné.

Au lavis d'encre de Chine.

318 — Composition allégorique avec figures de chasseurs et musiciens, pour un frontispice.

A la plume et lavis d'encre de Chine.

ÉCOLE ITALIENNE DU XVIIe SIÈCLE

319 — Prima vera.

A la plume et lavis de sépia, rehaussé de blanc.

320 — Modèle de Reposoir à Rome ; au milieu, les armes du Pape,

A la plume et lavis de sépia.

321 — Autel avec statues ; en haut, saint Michel terrassant le Diable.

A la plume et lavis de sépia.

322 — Autel avec figures d'anges.

A la plume et lavis d'encre de Chine.

ÉCOLE ITALIENNE DU XVIIe SIÈCLE

323 — Modèles de vaisseaux avec armes de la ville de Gênes.

A la plume et lavis d'encre de Chine.

324 — Décor pour une voussure avec figure, au milieu un médaillon soutenu par deux amours, où est représenté un sujet de l'histoire de Minerve.

Au lavis d'encre de chine, rehaussé de blanc, sur papier bleu.

325 — Composition allégorique et ornements pour un plafond.

Au lavis de sépia et d'aquarelle.

326 — Chevaux marins et amours montés sur des dauphins.

Trois dessins à la plume et lavis d'encre de Chine et sépia.

327 — Fontaine avec animaux chimériques.

Au lavis d'encre de chine.

328 — Arc de triomphe, — Fontaine, — Ornementation pour plafond.

Trois dessins à la plume et lavis de sépia.

329 — Développement d'un chapiteau.

A la plume et lavis d'encre de Chine.

330 — Pilastre avec cariatide.

A la plume et lavis de sépia.

331 — Encadrements de portes.

Deux dessins à la plume et lavis de sépia.

332 — Ornements divers.

Deux dessins à la plume et lavis de sépia.

333 — Surtout de table.

A la plume et lavis de sépia.

334 — Triomphe de l'Amour.

A la plume et lavis de sépia.

ÉCOLE ITALIENNE DU XVIIIe SIÈCLE

335 — Arabesques dans le goût antique, pour plafond ou galerie.

A la plume et lavis d'aquarelle.

336 — Arabesques dans le goût antique, pour décoration de plafonds.

Deux dessins à la plume et lavis d'aquarelle.

337 — Cartouche d'ornement avec amours et sonnet au milieu.

A la plume et lavis de sépia.

338 — Croix et reliquaires Trois sujets sur une même feuille.

A la plume et lavis d'encre de Chine

339 — Rinceau d'ornement, formé de feuillages et de fleurs.

Au lavis d'aqurelle.

340 — Tombeau avec figures d'anges.

A la plume et lavis d'encre de Chine.

341 — Modèles de plafonds.

Trois dessins à la plume et lavis d'encre de chine et sépia.

EISEN (Ch.)

342 — Cartouche avec figures de fleuves en bas. Au milieu du haut, les armes du comte de Saint-Florentin.

A la plume et lavis d'encre de Chine.

343 — Sujets et ornements pour bijoux, tabatières, montres etc.

Quinze dessins à la plume et lavis d'aquarelle.

FALCONNET

344 — Modèle de pendule, dont le cadran est soutenu par trois figures de femmes.

A la sanguine, rehaussé de blanc.

FAY

345 — Arabesque, avec vase au milieu.

A la plume et l'avis de sepia.

FERDINAND

346 — Frise; au milieu, une tête de satyre ornée de guirlandes de fleurs par des amours.

Au lavis de sépia, rehaussé de blanc.

FEUCHÈRE

347 — Vase imité de Marot.

A la plume et lavis de sépia.

FLAMAND

348 — Groupes d'amours, quatre sujets sur une même feuille.

Au crayon noir.

FLYNDT (Paul)

349 — Gourde avec anse.

A la plume et lavis de sépia, signée du monogramme.

FORTY

350 — Modèle de Saint-Sacrement décore de figures et de têtes de chérubins.

Au lavis d'encre de Chine et de couleur.

351 — Lanterne d'église, servant à porter le Saint-Viatique aux malades.

A la plume et lavis d'encre de Chine.

352 — Modèle de chandelier pascal, avec figures d'anges.

A la plume et lavis d'encre de Chine.

353 — Modèle d'un Saint-Ciboire, avec figures d'anges.

A la plume et lavis d'encre de Chine.

354 — Flambeau; en bas deux syrènes.

A la plume et lavis d'encre de Chine.

355 — Flambeau, avec figures de femmes au milieu.

A la plume et lavis de sépia.

FORTY

356 — Modèles de tables.

Deux dessins à la plume et lavis de sépia.

FRAGONARD (H.)

357 — Le Feu, fleuron avec figures d'Amours et d'animaux, pour un livre in-fol.

Au lavis d'encre de Chine.

358 — Statues de musées d'Italie. Quatre sujets sur une même planche.

Au crayon noir.

359 — Vases, urnes, etc. Seize sujets sur deux feuilles.

Au lavis d'encre de Chine et sépia.

FRANCART

360 — Décoration intérieure d'un salon.

Suite de quatre dessins à la plume.

361 — Lambris avec fenêtre et glace.

A la plume et l'avis d'encre de Chine.

362 — Cheminée, lambris avec porte et fenêtres.

Deux dessins à la plume et lavis d'encre de Chine.

FRANÇOIS

363 — Partie de plafond avec figures.

A la plume et lavis d'encre de Chine.

GANDOUIN

364 — Modèle de pendule ornée de guirlandes de fleurs.

A la plume et lavis d'aquarelle.

364 *bis* — Candelabre à trois branches, le pied formé par deux lions couchés.

A la plume et lavis d'aquarelle.

GELOSI

365 — Façade d'un palais, avec statues.

A la plume et lavis de sépia.

GERMAIN

366 — Modèle d'applique à cinq branches.
Au crayon noir et sanguine.

GIARDINI

367 — Vases ou aiguières.
Deux dessins à la plume et lavis de sépia, rehaussés de blanc.

GILLOT (Claude)

368 — Panneau pour tapisserie ; au milieu, le Triomphe de Neptune.
A la sanguine ; a été gravé avec quelques changements.

369 — Composition d'ornement pour plafond ou tapisserie, avec figures d'hommes et d'animaux.
Au lavis d'aquarelle.

370 — Partie d'un plafond, formé d'arabesques et de figures.
Au lavis d'aquarelle.

371 — Montant d'ornement ; au milieu Apollon et l'Amour sur un nuage.
A la plume et lavis d'aquarelle.

372 — Arabesques avec figures chinoises.
A la plume et lavis d'encre de Chine.

373 — Arabesques avec figures.
Deux dessins à la plume et lavis d'encre de Chine.

373 *bis* — Dessus de porte avec figures et trophées de musique.
A la sanguine et crayon noir.

GIRARD

374 — Modèle d'applique à deux branches.
Au crayon noir et sanguine.

GIRARDON (d'après)

375 — L'Enlèvement de Proserpine, d'après le groupe du parc de Versailles.
Au lavis d'encre de Chine et d'aquarelle.

GOZ (L.-B.)

376 — La Tempérance, — Joseph et la Femme de Putiphar.

Deux dessins à la plume et lavis d'encre de Chine et sépia.

GRANET

377 — Effet de la croix lumineuse, à Rome, le Jeudi Saint.

Au lavis d'encre de Chine et d'aquarelle.

GRAVELOT (H.)

378 — Modèle pour une pendule, avec figures.

A la plume et lavis de sépia.

GUÉRARD

379 — Fête sur une place publique, à Paris; à droite des charlatans sur une estrade.

Dessin en forme d'éventail, à la plume et lavis d'encre de Chine.

380 — Fête et carrousel sur une place publique.

Dessin en forme d'éventail, à la plume et lavis d'encre de Chine.

381 — Flottille sur une rivière, à l'entrée d'un port.

A la plume et lavis d'encre de Chine.

382 — Intérieur d'un magasin à l'entrée d'un port de mer.

A la plume et lavis d'encre de Chine.

383 — La Justice, assise sous un dais, écoute le plaidoyer de deux avocats. Composition en forme d'éventail.

A la plume et lavis d'encre de Chine.

384 — La Mariée de village sortant de l'église. (Costumes Louis XIII.)

Dessin en forme d'éventail, à la plume et lavis d'encre de Chine.

385 — Scène d'opéra, costumes du dix-septième siècle. Dessin en forme d'éventail.

A la plume et lavis de bistre.

GUERCHIN (F.)

386 — Frise ormée de guirlandes de fleurs et Amours.

A la sanguine, rehaussé de blanc.

GUIARD

387 — Statue de Vénus sur un piédestal. Deux compositions différentes.

A la sanguine.

HABERMAN

388 — Modèles de chaires à prêcher.

Six dessins au lavis d'encre de Chine, rehaussés de blanc, sur papier bleu.

389 — Haut d'un autel.

A la plume et lavis.

HABERMAN, EICHEL ET LENOIR

390 — Aiguière, — Vases et Flambeaux.

Trois dessins à la plume et lavis d'encre de Chine.

HAUER

391 — Vases antiques. — Suite de vases dans le nouveau goût. Neuf modèles sur deux feuilles.

Au lavis d'encre de Chine.

HOUDON

392 — Vase à deux anses.

Au lavis de sépia, rehaussé de blanc.

HUET (J.-B.)

393 — Lit, avec Amours, dont les corps finissent en queue de poisson.

A la plume et lavis de sépia, rehaussé de blanc.

394 — Plafond de forme ronde, avec rosace au milieu.

A la sanguine.

395 — Trophée d'attributs de chasse.

A la plume et lavis de sépia, signé et daté 1772.

HUET (J.-B.)

396 — Modèles pour tapisserie ; au milieu est représenté Pygmalion à genoux devant sa statue.

A la plume.

397 — Arabesque avec cariatides; en haut une femme debout.

A la plume et lavis de bistre.

398 — Frises d'ornement.

Quatre dessins à la plume et lavis de sepia.

399 — Frise d'ornement formée de feuillages et d'oiseaux.

A la sanguine

400 — Dessus de porte avec vase et Amours de chaque côté.

Au lavis d'encre de Chine.

401 — Vase d'où sortent des rinceaux d'ornement, avec figures de femmes et Amours.

A la plume et lavis de bistre.

402 — Coupe sur un piedestal, soutenue par des enfants nus.

A la plume et lavis d'encre de Chine.

403 — Amours et dauphins. Frise.

A la plume, signé et daté.

404 — Nature morte. Trophée.

A la sanguine.

HUQUIER

405 — Trophées d'attributs religieux.

Deux dessins au crayon noir.

HUYSUM (J. VAN)

406 — Tables avec draperies et corbeilles de fleurs.

A la plume et lavis d'encre de Chine.

407 — Bouquet de fleurs dans un vase.

A la plume et lavis d'encre de Chine.

JOULLAIN

408 — Motif d'ornementation pour un plafond.
A la plume et lavis d'encre de Chine.

JUILLET

409 — Trophées d'attributs divers.
Quatre dessins à la plume et lavis d'encre de Chine.

KILIAN (L.)

410 — Lettres ornées, avec figures de femmes au milieu.
A la plume et lavis d'encre de Chine.

LAFAGE (R. DE)

411 — Allégorie avec Amours et Pâris endormi.
A la plume et lavis d'encre de Chine.

LAFITTE

412 — Dessin d'un Saint-Sacrement.
Au lavis de sépia, rehaussé de blanc.

LAGRENÉE

413 — Ornementation avec figures, formant le quart d'un plafond, aux armes du Roi.
A la plume et lavis d'aquarelle.

414 — Sujets allégoriques. Deux compositions pour plafonds.
Au lavis de sépia, rehaussés de blanc.

414 *bis* — Décoration d'un plafond, avec trophées d'attributs militaires dans les angles.
A la plume et lavis d'encre de Chine.

415 — Erection de la statue de Priape. Deux compositions différentes, de forme ronde.
A la plume et lavis d'encre de Chine.

416 — Tombeau; à gauche, la statue de Minerve.
A la plume et lavis de sépia.

LAJOUE (J. DE)

417 — Fontaines richement décorées de figures et d'ornements rocaille.

Six dessins à la plume et lavis d'encre de Chine.

418 — Ornementation pour une fontaine, avec écusson soutenu par deux lions.

A la plume avec lavis d'encre de Chine et sépia.

LALONDE

419 — Carrosse, très richement orné, avec armoiries.

A la plume et lavis d'encre de Chine.

420 — Intérieur de chambre à coucher avec alcôve.

A la plume et lavis d'encre de Chine et d'aquarelle.

421 — Les quatre côtés d'un boudoir.

Quatre dessins à la plume, avec lavis d'encre de Chine et d'aquarelle.

422 — Porte d'un salon, avec médaillon au-dessus.

A la plume, avec lavis d'encre de Chine et d'aquarelle. Signé.

423 — Modèle de porte et cheminée, sur une même feuille.

A la plume et lavis d'encre de Chine.

424 — Lit avec baldaquin en forme de dôme.

Au lavis d'encre de Chine et d'aquarelle.

425 — Lit avec galerie et trophée en haut.

Au lavis d'encre de Chine et d'aquarelle.

426 — Lit avec attributs militaires en haut.

A la plume et lavis d'aquarelle.

427 — Lit à la polonaise.

A la plume et lavis d'aquarelle.

427 *bis* — Autre lit à la polonaise, avec plumes en haut.

A la plume et lavis d'aquarelle.

428 — Modèle de lit, vu de côté.

A la plume et lavis d'encre de Chine.

LALONDE

429 — Modèle de commode, avec médaillon et guirlande de fleurs au milieu.

A la plume et lavis de couleurs.

430 — Modèles de chenets.

Deux dessins à la plume et lavis d'encre de Chine.

431 — Table avec aiguière au-dessus.

A la plume et lavis d'encre de Chine.

432 — Ornementation pour la coupole d'une chapelle; sur la bordure sont représentés les symboles des Evangélistes. Au milieu, les lettres *A S* entrelacées.

A la plume et lavis d'encre de Chine.

433 — Cheminée avec glace surmontée d'un trophée et d'une guirlande de fleurs.

A la plume et lavis d'encre de Chine.

434 — Modèles de cadres, avec frontons formés d'attributs militaires.

Deux dessins à la plume et lavis d'encre de Chine.

435 — Rosace pour un plafond.

A la plume et lavis d'encre de Chine.

436 — Arabesques; deux compositions sur une même feuille.

A la plume et lavis d'aquarelle.

437 — Modèles de chaires à prêcher.

Suite de quatre dessins, à la plume et lavis d'encre de Chine.

LEBRUN (Ch.)

438 — Fontaine surmontée de la statue de Minerve.

Au crayon noir et lavis d'encre de Chine.

439 — Groupe d'anges soutenant les armes du Roi.

Au crayon noir et lavis d'encre de Chine.

LEBRUN (Ch.)

440 — Médaillon du pérystile du Louvre, — Coquille de la niche. Deux compositions sur une même feuille.

A la plume et lavis d'encre de Chine.

440 *bis* — Cartouche avec cariatides sur les côtés, pour ornementation d'une thèse.

Au lavis d'encre de Chine et sanguine.

LE CARPENTIER

441 — Trophée avec les attributs des arts.

A la plume et lavis de sépia.

LE FEBVRE (François)

442 — Bouquets de fleurs et feuilles pour servir à l'art d'orfèvrerie ; au bas, sont représentées des scènes de personnages dans le genre de Callot.

Cinq dessins au crayon noir et mine de plomb.

443 — Compositions du même genre que les précédentes, sans personnages en bas.

Quatre dessins au crayon noir et mine de plomb.

LEMOINE

444 — Vénus couronnée par les grâces; composition pour un plafond.

Au lavis de sépia, rehaussé de blanc.

445 — Groupe de deux figures dans une niche pour décoration d'une fontaine.

Au crayon noir, rehaussé de blanc, sur papier teinté.

LEPAUTRE

446 — Frise et montant d'ornement.

Deux dessins à la plume et lavis de sépia.

447 — Frises.

Deux dessins à la plume.

LEPAUTRE

448 — Frises d'ornements avec figures de femmes et d'enfants. Cartouches au milieu.

Deux dessins à la plume et lavis de sépia.

449 — Frise d'ornement avec aiguière au milieu.

A la plume et lavis de sépia.

450 — Cartouches ou marteaux de portes.

Deux dessins à la plume et lavis de sépia.

451 — Cartouche d'ornement avec vase au milieu.

A la plume et lavis de sépia.

452 — Rosaces, — Marteaux de portes, — Cartouches et encadrements.

Neuf dessins à la plume et lavis de sépia.

LEPAUTRE (P.)

453 — Cartouche avec figures et ornements; au milieu, un paysage.

A la plume et lavis d'encre de Chine.

454 — Enée et Anchise; même groupe vu de deux côtés différents.

Au lavis d'encre de Chine.

LEPAUTRE (Ch.)

455 — Modèle de table.

A la plume et lavis de couleur.

LEPRINCE (X.)

456 — La Traversée du désert. Dessin en forme d'éventail.

A la plume et lavis d'aquarelle.

LÉGARÉ (G.)

457 — Fleur garnie de pierres précieuses, pour modèle d'aigrette.

Au crayon noir, rehaussé de blanc, sur papier teinté.

LEYDE (L. DE)?

458 — La mort de Lucrèce.

A la plume et lavis d'encre de Chine.

LOIRE (A.)

459 — Frise d'ornement avec mascaron au milieu.

Au lavis de sépia, rehaussé de blanc.

460 — Buffet et guéridons. Trois sujets sur une même feuille.

A la sanguine.

461 — Guéridon avec pied pouvant servir pour croix ou chandelier.

A la plume et lavis de sépia.

462 — Modèle de table et console, sur une même feuille.

A la plume et lavis d'encre de Chine.

463 — Moitié d'un cartouche avec figures sur le côté.

A la plume et lavis de sépia.

LUCAS (J.-F.)

464 — Dessins de formes nouvelles pour les trois pièces qui composent la garniture des fusils. Quinze sujets sur une même feuille.

A la plume et lavis d'encre de Chine.

MAGGI (G.)

465 — Intérieur d'une cathédrale.

A la plume et lavis de sépia, rehaussé de blanc.

MAGGIUS (J.)

466 — Fontaine monumentale surmontée de la statue de Vénus.

A la plume et lavis de sépia.

MAITRE AU MONOGRAMME A. C.

467 — Rinceaux d'ornements avec fleurs et feuillages.

Au lavis d'encre de Chine, rehaussé de blanc.

MAITRE AU MONOGRAMME I. W. 1589

468 — Le Jugement de Pâris. Composition de forme ovale dans un entourage ornementé.

A la plume et lavis d'encre de Chine.

MANSART

469 — Lambris, avec porte et cheminée.

A la plume.

MARILLIER (C.-P.)

470 — Décor pour un bord d'assiette, aux armes du roi.

A la plume et lavis d'encre de Chine.

471 — Encadrement avec draperie, pour titre de livre.

A la plume et lavis d'encre de Chine.

472 — Encadrement de glace avec guirlandes et trophée.

A la plume et lavis d'encre de Chine.

473 — Encadrement pour un portrait de Fénélon.

Au lavis d'encre de Chine.

474 — Cartouche pour carte de visite, orné de guirlandes de roses.

Au lavis d'encre de Chine.

475 — Fleuron avec amours dans un médaillon.

A la plume et lavis d'encre de chine.

476 — Modèle de cadre, avec fronton formé d'attributs de jardinage, de fleurs et de fruits.

A la plume et lavis de sépia.

477 — Concert d'anges; titre pour livre de musique.

Au lavis d'encre de Chine.

MAROT (D.)

478 — Parc avec monuments d'architecture et fontaine sur le devant.

Au lavis d'aquarelle, signés.

479 — Plafond carré, avec rosace au milieu.

A la plume et lavis d'aquarelle.

MAROT (D.)

480 — Plafond richement ornementé avec sujet au milieu représentant les Muses.

A la plume et lavis d'aquarelle.

481 — Porte richement ornée; en haut, une frise avec combat de cavaliers.

A la plume et lavis d'encre de Chine.

482 — La Renommée, assise sur un nuage, soutient un écusson.

A la plume et lavis de sépia.

483 — Statue de Bacchus dans une niche.

Au lavis d'encre de chine et d'aquarelle.

484 — Vase avec couvercle.

A la plume et lavis d'encre de Chine.

485 — Vases avec couvercles.

Deux dessins à la plume et lavis de sépia.

MAROT (Jean)

486 — Fontaine monumentale, avec figures.

A la plume et lavis d'encre de chine et sépia.

MECKEN (I. de)

487 — Cérémonie religieuse dans une cathédrale.

A la plume.

MEISSONIER (J.-A.)

488 — Candélabre à trois branches.

A la sanguine et lavis.

489 — Flambeau, avec décoration de fleurs et de fruits.

A la sanguine.

490 — Modèles de fauteuils.

A la sanguine.

491 — Modèle d'orfèvrerie pour un surtout de table.

A la plume et lavis d'encre de Chine.

MEISSONIER (J.-A.)

492 — Modèle d'orfèvrerie pour candélabre ou surtout de table.

A la plume et lavis d'encre de Chine.

493 — Cafetière avec anse formée par une syrène.

A la plume et lavis d'encre de Chine.

494 — Modèle de table.

A la plume et lavis d'encre de Chine.

495 — Modèle de table, avec guirlandes de fleurs.

A la plume et lavis de sépia.

496 — Modèles de tables.

Deux dessins à la plume et crayon noir.

497 — Ornements pour tabatières.

Quatre dessins au crayon noir et lavis d'encre de Chine.

498 — Vase; un chien formant l'anse.

A la sanguine.

MITELLI

499 — Cartouches.

Quatre dessins à la plume et sépia.

MOITHEY

500 — Modèle de cadre ovale avec fronton formé de rubis et de fleurs.

A la plume et lavis d'encre de Chine.

MOITTE

501 — Vase à deux anses avec figure de femme nue sur la panse.

Au lavis d'encre de Chine, signé et daté.

501 *bis* — Composition pour l'ornementation des angles du Panthéon.

Quatre dessins au lavis d'encre de Chine.

MONNET (C.)

502 — Bonaparte signant le traité de Lunéville. Composition pour éventail.

A la plume et lavis de sépia, rehaussé de blanc.

503 — Les Baigneuses. Dessin en forme d'éventail.

A la plume et lavis de sépia.

MOREAU (J.-M.)

504 — Modèle de pendule, en bas, le Temps et une figure de femme ailée.

A la plume et lavis d'encre de Chine.

505 — Monument surmonté d'une statue représentant la France, pour une décoration de fontaine.

A la plume et lavis de bistre.

MOREAU (P.)

506 — Projet pour l'église Sainte-Geneviève.

A la plume et lavis d'encre de Chine et d'aquarelle.

NATALE (J.-B.)

507 — Décor d'un bout de galerie d'un palais.

A la plume et lavis d'encre de Chine.

508 — Intérieur d'église.

A la plume et lavis d'encre de Chine.

NEUFFORGE (C. de)

509 — Décor d'un salon, avec portes et glace au milieu.

A la plume et lavis d'encre de Chine.

510 — Galerie intérieure d'un palais, au chiffre et armes du Roi.

A la plume et lavis d'encre de Chine.

511 — Modèles de chaires à prêcher.

Deux dessins à la plume et lavis d'encre de Chine.

NILSOON (K.)

512 — Vues extérieures et des décorations intérieures du Palais de La Haye.

Suite de quatorze dessins à la plume et lavis d'encre de Chine.

513 — Tombeau d'un guerrier, en haut Apollon faisant danser les Muses.

Au lavis d'encre de Chine, rehaussé de blanc.

514 — Figures de femmes soutenant un médaillon, allégorie religieuse.

Au lavis d'encre de Chine, rehaussé de blanc.

NINEGEN (E.-V.)

515 — Amours sur des nuages, au milieu d'une composition d'ornement, pour un plafond.

A la plume et lavis d'aquarelle.

516 — Apothéose d'un guerrier, composition pour un plafond.

A la plume et lavis d'aquarelle.

517 — L'Amour et Psyché sur des nuages, pour un plafond.

A la plume et lavis d'aquarelle.

518 — Le Char du soleil, pour plafond.

A la plume et lavis d'aquarelle.

519 — Frises d'ornement, avec sujet au milieu, représentant le triomphe de Cérès, pour un plafond.

A la plume et lavis d'aquarelle.

520 — Guirlande de fleurs, avec un vase, — Partie de plafond avec Amours.

Deux dessins à la plume et lavis d'aquarelle.

521 — Ornementation pour un plafond : au milieu, Psyché enlevée par l'Amour.

A la plume et lavis d'aquarelle.

NINEGEN (E.-V.)

522 — Plafond avec sujet mythologique dans un entourage d'ornement.

A la plume et lavis d'aquarelle.

523 — Plafond, avec sujets dans des cartouches d'ornement.

A la plume et l'avis d'aquarelle.

524 — Psyché et l'Amour, dans un médaillon posé sur une colonne, soutenu par deux Amours.

A la plume et lavis de sépia.

525 — Vues de Parcs, avec palais et figures aux premiers plans.

A la plume et lavis d'aquarelle.

526 — Vues d'un Parc, avec figures.

Deux dessins à la plume et lavis d'aquarelle.

OPPENHAUT

527 — Frise d'ornement avec cartouche au milieu, où est représenté Bacchus enfant.

A la plume et lavis d'encre de Chine.

528 — Modèles de tables.

Six dessins à la plume et lavis d'encre de Chine.

OPPENORT (G.-M.)

529 — Modèles de tables, quatre sujets sur une même feuille.

A la plume.

530 — Fontaine monumentale avec figures d'Amour et de Satyre.

Au lavis d'encre de Chine.

531 — Fontaine sans figures.

Au lavis d'encre de Chine.

532 — Composition pour décoration de fontaines. Deux sujets sur une même feuille.

A la plume.

OPPENORT (G.-M.)

533 — Lutrin d'église.

A la plume et lavis d'encre de Chine.

534 — Groupe d'Amours. Deux femmes dans l'embrasure d'une fenêtre, croquis fait dans son voyage d'Italie.

Au lavis de sanguine.

535 — Supports d'architecture.

A la plume.

OSTRANEN (VAN)

536 — Xerxès et Alexandre. Composition de six figures, de forme ronde.

A la plume.

OUDRY (J.-B.)

537 — Cartouche avec paysage au milieu, pour tapisserie.

A la plume.

PALLIÈRE (A.-J.)

538 — Figures de statues de femmes, pour décoration d'une fontaine.

Cinq dessins au crayon noir, signés et datés 1816.

PANNINI (G.-P.)

539 — Frises décorées de trophées militaires, pour décoration de plafonds.

A la plume et lavis d'aquarelle.

540 — Les Noces de Cana. Composition pour un plafond.

A la plume et lavis.

PANSERON

541 — Trophées représentant les Saisons. Quatre dessins.

A la plume et lavis de sépia, rehaussés de blanc.

PARISET

542 — Modèles d'encadrements de glaces, avec figures et guirlandes de fleurs.

Deux dessins à la plume et lavis d'aquarelle.

PARISET

543 — Trophée d'attributs de jardinage, avec bordure ornementée.

Au lavis d'aquarelle.

PARIZEAU

544 — Vases, Coupes et Salière.

Six dessins à la plume et lavis de sépia.

PENCZ (G.)?

545 — Composition d'ornement pour console ou table.

A la plume et lavis d'encre de Chine.

PERCIER

546 — Cheminée, château de Fontainebleau.

A la plume et lavis d'aquarelle.

547 — Cheminée monumentale.

A la plume et lavis de sépia.

548 — Galerie d'un palais ; au milieu, la statue d'Apollon.

Au lavis d'encre de Chine.

549 — Galerie d'un palais, avec statue au milieu.

Au lavis d'encre de Chine et d'aquarelle.

550 — Modèles de lustres.

Deux dessins à la plnme et lavis d'aquarelle.

551 — Dessins de chaises, fauteuils tabourels, bancs, canapé. Style égyptien, de S. M. Napoléon Ier.

Au lavis d'aquarelle.

552 — Candélabres avec ornements militaires.

A la plume et lavis de couleur.

553 — Modèles d'objets d'ameublement.

Six dessins au crayon noir.

554 — Volière et aquarium.

Deux dessins à la plume.

PERCIER

555 — Ornementation pour éventail. Au milieu sont représentés : Vénus et l'Amour endormis.

Au lavis de sépia, rehaussé de blanc.

PERNET

556 — Galeries d'un palais.

Deux dessins à la plume et lavis d'encre de Chine.

557 — Vestibule des Tuileries. Deux dessins faisant pendants.

A la plume et lavis de sépia.

558 — Vue intérieure d'une salle de théâtre.

A la plume et lavis d'encre de Chine.

PEYROTTE

559 — Figures chinoises et ornements dans un cartouche.

Au lavis de couleur.

560 — Trophées. Chasse, musique et jardinage.

Trois dessins au crayon noir; ont été gravés.

560 *bis* — Figures chinoises pour décoration de paravent.

Deux dessins à la plume.

PEYRE

561 — Fontaines, dont une avec figures représentant les trois Grâces.

Deux dessins au lavis d'encre de Chine.

PICART (B.)

562 — Fontaine monumentale avec figures de femmes.

A la plume et lavis d'encre de Chine.

563 — Partie de plafond avec tête de cerf.

A la plume et lavis d'encre de Chine.

PIERRE (J.-B.-M.)

564 — Enfants jouant avec une chèvre, de forme ovale.

Au crayon noir.

PIERRE (J.-B.-M.)

565 — Fontaines avec figures de femmes et satyre.

Deux dessins au lavis d'encre de Chine.

PIERRETZ (A.)

566 — Cartouche ornementé, pour décoration d'autel.

A la plume et lavis d'encre de Chine.

PILLEMENT (J.)

567 — Cartouches ornés de guirlandes de fleurs et de rubans formant des lettres alphabétiques.

Deux dessins au crayon noir et lavis d'encre de Chine.

568 — Fleurs et feuillage de fantaisie, — Tente chinoise.

Trois dessins aux crayons de couleur.

569 — Fleurs et parasol chinois, — baraque rustique et fleurs.

Deux dessins au crayon noir.

570 — Panneau d'ornement, formé de feuillages et d'oiseaux fantastiques.

Au crayon noir et lavis d'encre de Chine.

571 — Panneaux d'ornements avec figures d'animaux. Deux pendants.

Au crayon noir, signés.

PINEAU

572 — Encoignure de salle à manger avec pendule au-dessus.

A la plume et lavis de couleur.

573 — Modèle de console.

A la plume et lavis d'encre de Chine; porte une inscription de la main de l'artiste.

573 *bis* — Modèle de console.

A la sanguine.

574 — Modèles de tables et de piano.

Six dessins à la plume et lavis d'encre de Chine.

PINEAU

575 — Trophées avec figures d'anges dans le haut.

Sept compositions sur trois feuilles, A la sanguine; sur l'un est écrit : « Dans le cœur de N.-Dame. »

576 — Trophées d'attributs militaires et religieux.

Deux dessins à la sanguine.

577 — Trophées d'attributs religieux.

Au crayon noir.

POCCETTI

578 — Décor d'un fond de plat ou de bouclier.

A la plume et lavis d'encre de Chine.

PORTA (Della)

579 — Armoiries.

A la plume et sépia.

POUSSIN (N.)?

580 — Frise pour décoration d'un plafond.

A la plume et lavis d'encre de Chine.

PRIEUR (L.)

581 — Titre de livre, — Torchères, — Écussons, — Girandoles, — Vases, — Lustres, — Frises et montants d'ornement, — Trumeaux de glaces, — Arabesques, etc., etc.

Soixante-dix-sept dessins à la plume et lavis, rehaussés de couleur en partie sur fond tinté.

582 — Montant d'ornement avec la muse Euterpe au milieu.

A la plume et lavis d'aquarelle.

583 — Frise d'ornement et études de lions.

A la plume et lavis de sépia.

584 — Trophée avec draperie et la lettre N au milieu.

A la plume et lavis d'encre de Chine.

PUGET ET COYPEL

585 — Fontaine avec Amours sur des dauphins, — le Triomphe de Neptune.

Deux dessins au lavis d'encre de Chine et sépia.

QUEVERDO (F.-M.)

586 — Arabesques avec figures. Deux compositions sur une même feuille.

A la plume et lavis d'aquarelle.

587 — Arabesque avec médaillon au milieu, où sont représentés Mars et Vénus.

A la plume et lavis d'encre de Chine.

RANSON

588 — Décoration d'un salon, côté de l'entrée et côté de la cheminée.

Deux dessins à la plume et lavis d'encre de Chine.

589 — Lit avec baldaquin et quatre colonnes.

A la plume et lavis d'encre de Chine, rehaussé de blanc.

590 — Lit avec baldaquin à deux colonnes.

A la plume et lavis d'encre de Chine, rehaussé de blanc.

591 — Canapés avec coussins.

Deux dessins à la plume et lavis d'encre de Chine, rehaussés de blanc.

592 — Montant d'ornement, en bas deux dauphins, dans un entourage avec frise sur le côté gauche.

A la plume et lavis d'encre de Chine, avec inscriptions indiquant les mesures et les couleurs du décor.

593 — Encadrements avec groupes de fleurs.

Deux dessins à la plume et lavis d'aquarelle.

RANSON ?

594 — Bouquets et guirlandes de fleurs.

Six dessins à l'aquarelle.

RANSONNETTE (N.)

595 — Arc de triomphe sur un pont.

Au lavis d'encre de Chine.

RAPHAEL (d'après)

596 — Composition d'ornement en forme de frise, d'après une des tapisseries du pape Jules, à Rome.

A la plume.

597 — La Fortune dans un char que conduisent des colombes.

Au lavis de bistre, rehaussé de blanc.

RASP, XVIIIe SIÈCLE

598 — Modèles pour ceinturons, colliers, aigrettes et bijoux divers garnis de pierres précieuses et brillants.

Quatorze dessins au lavis d'encre de Chine et d'aquarelle.

RENARD (J.-A.)

599 — Fragments antiques pris dans l'intérieur de la ville de Naples.

Trois dessins à la plume et lavis d'encre de Chine; un est signé et daté 1772.

R. L.

600 — Frise d'ornement pour plafond.

A la sanguine.

601 — Montant d'ornement, formé de feuillages et d'oiseaux.

A la sanguine.

602 — Trophée, avec figure entourée de rayons.

A la plume et lavis de sépia.

ROBERT

603 — Nymphe et Amours sur des nuages.

A la sanguine et lavis de sépia.

RONDELET

604 — Les chevaux de Marly, sur piédestaux.

Deux dessins, sur l'un on lit : Approuvé par la commission des travaux publics, pour être exécuté conformément à l'arrêté du comité de Salut public, en date du 13 messidor. A Paris, ce 21 messidor de l'an V de la Répub. franç. Rondelet.

ROUPERT

605 — Chien courant après un lièvre, pour modèle de dentelle ou broderie.

A la plume et lavis d'encre de Chine.

RUDOLPH (Christian-Friderich)

606 — Cartouche.

A la plume et lavis d'encre de Chine.

SAINT-AUBIN (G. de)

607 — Chiffre surmonté d'une couronne.

Au crayon noir.

608 — Modèles pour pendules ou régulateurs.

Deux dessins à la plume et lavis de sépia, rehaussés de blanc.

609 — Statue de l'Amour, sur un piédestal et trumeau de glace.

Au lavis de sépia, rehaussé de blanc.

610 — Aiguière avec anse.

A la plume et lavis de sépia.

611 — Vase, avec anses formées par des figures d'enfants; sur la panse, des bergers offrant un sacrifice.

Au lavis d'encre de Chine.

612 — Vase avec deux anses, — Vase avec une anse.

Deux dessins à la plume et lavis d'encre de Chine.

SAINT-NON

613 — Vases. Sept sujets sur une même feuille.

A la plume et lavis de sépia.

SALEMBIER

614 — Arabesques, avec figures de femmes et Amours. Deux compositions sur une même feuille.

A la plume, avec lavis d'encre de Chine et d'aquarelle.

615 — Arabesques. Trois compositions sur une même feuille.

A la plume, avec lavis d'encre de Chine et d'aquarelle.

616 — Chiffres.

Deux dessins au lavis d'encre de Chine et sanguine.

617 — Candélabres et lustres.

Trois dessins à la plume.

618 — Frises avec lions et chimères. Deux sujets sur une même feuille.

A la sanguine.

619 — Fontaine, avec figures de femmes et satyres.

A la plume.

620 — Modèle de réchaud en argent.

A la sanguine et crayon noir.

SALY

621 — Modèle de pendule, avec figure de femme assise, la main gauche marquant l'heure sur le cadran en forme de vase.

A la plume et lavis de sépia.

622 — Vase avec oreilles formées par deux têtes de bouc.

A la plume et lavis de sépia.

623 — Vases. Huit sujets sur deux feuilles.

A la plume.

624 — Fontaine avec figures de tritons.

A la plume et lavis de bistre.

625 — Modèle de tombeau, avec médaillon au milieu, surmonté d'une urne.

Au crayon noir et lavis d'aquarelle.

SANSOVINO (A.)

626 — Composition pour dessus d'autel, aux armes de la famille Borghèse.

A la plume et lavis de sépia.

SCALZI

627 — Frises d'ornement, formées de fleurs et feuillages.

A la plume et lavis de bistre.

SCHUBLER

628 — Modèle de décor pour un placard.

A la plume et lavis d'encre de Chine; signé et daté 1734.

629 — Vases rocaille.

Deux dessins au lavis d'encre de Chine.

SENEMONT (DE)

630 — Pompe funèbre de François Ier, empereur des romains, roi de Germanie et de Jérusalem, duc de Lorraine et de Bar, grand-duc de Toscane, en l'église des Pères Cordeliers de Nancy, le 18 octobre 1765.

A la plume et lavis d'encre de Chine.

SEURRE

631 — Modèle de régulateur en forme de colonne, avec figures de femmes debout sur le piédestal.

A la plume et lavis.

SIRANI (ÉLIZABETH)

632 — Modèles de traîneaux,

Six dessins à la plume et lavis d'encre de Chine.

SLODTZ (R.-M.)

633 — Décoration, avec figures d'anges et de saintes, pour dessus d'autel.

A la plume et lavis de sépia.

SOUFFLOT

634 — Vue du Panthéon à Paris.

A la plume et lavis d'encre de Chine et sépia.

SPADA (V.)

635 — Motif d'ornement avec figures, pour décoration d'une galerie ; au milieu, saint Jérôme.

A la plume et lavis d'encre de Chine.

SPRANGER

636 — Rinceaux d'ornement, avec figures de femmes.

Deux dessins à la plume et lavis d'encre de Chine.

STIMMER (T.)

637 — La Justice, dessin pour vitrail, avec armoiries.

A la plume.

THORNHILL (J.)

638 — Allégorie pour un plafond ; en haut, les armes d'Angleterre (pour les fresques de Greenwich).

A la plume et lavis de sépia. Collection sir J. Reynolds.

TIBALDI (P.)

639 — Tombeau avec un écusson en haut, soutenu par deux anges.

A la plume et lavis de sépia.

TIBESAER

640 — Arabesques.

Deux dessins à la plume et lavis de sépia.

TIEPOLO

641 — Figures allégoriques pour plafonds.

Deux dessins à la plume et lavis de sépia.

642 — Figures de femmes et satyres, pour plafond.

A la plume et lavis de sépia.

TORO (J.-B.)

643 — Cartouche, avec figures et frise en bas.
A la plume et lavis d'encre de Chine.

644 — Vases à deux anses, avec satyre et Amours sur la panse.
A la plume et lavis d'encre de Chine.

UDINE (J. d')

645 — Arabesques, cariatides et ornements divers. Sur une même feuille, au recto et au verso.
A la plume.

646 — Arabesques. Composition pour un plafond.
A la plume.

647 — Arabesques et croquis d'ornements.
A la plume.

648 — Arabesques, pour plafonds.
Deux dessins à la plume et lavis de sépia.

649 — Cariatides et fragments d'architecture. Dessin au recto et au verso.
A la plume.

650 — Entrée d'un palais.
A la plume et lavis de sépia.

VAGA (Perino del)

651 — Arabesques, avec figures et ornements divers, pour décoration d'un plafond.
A la plume et lavis de sépia.

652 — Figures nues assises, pour plafond.
Au lavis de sépia, rehaussé de blanc.

653 — Frise avec figures et guirlandes de fleurs et de fruits.
A la plume et lavis de sépia.

654 — Frise d'ornement, avec figures.
A la plume et lavis d'indigo.

VAGA (Perino del)

655 — Frises d'ornements et figures.

A la plume et lavis d'encre de Chine, rehaussé de blanc.

656 — Frise représentant le Triomphe d'Hercule.

A la plume et lavis de sépia.

657 — Ornementation pour plafond; à droite, une statue.

Au lavis de sépia.

VANHERVE

658 — Carrosse de gala aux armes et chiffre du roi Louis XIV; en haut, un groupe d'Amours supportant la couronne royale.

Au crayon noir et lavis d'encre de Chine.

VASSAL

659 — Modèle de carrosse; en bas, on lit : Vassal M., sculpteur, rue des Vieilles-Thuilleries.

A la plume et lavis d'encre de Chine et couleur.

VÉNITIEN (Aug.)

660 — Trophées d'armes en forme de montants. Trois sujets sur une même feuille.

A la plume.

VÉRONÈSE (Paul)

661 — Le Baptême de Jésus-Christ, pour décoration d'autel.

Au lavis de sépia, rehaussé de blanc.

VIEN

662 — Vases avec anses formées par des têtes de bélier.

A la plume.

VINSAC

662 *bis* — Modèles d'orfèvrerie; Sucriers, — Burettes, — Huiliers, — Flambeaux, — Pendules, — Trépieds, — Aiguières, — Couteaux, — Cafetières, — Soupières, Saucières, etc.

Trente-six dessins au crayon noir et lavis de couleurs.

VINSAC

662 *ter* — Modèles d'orfèvrerie ; Trépied, Flambeau et Candélabre.

Trois dessins au crayon noir et lavis d'encre de Chine.

662 *quat.* — Modèles d'orfèvrerie ; Huiliers, — Aiguière avec son plateau.

Quatre dessins au crayon et lavis de couleurs.

VOISIN

663 — Arabesque.

Au crayon noir, a été gravé.

664 — Arabesques.

Deux dessins au crayon noir.

665 — Montant d'ornement, avec figure de femme debout au milieu.

A la plume et lavis de sépia.

VOITURES

666 — Modèles de carrosses.

Deux dessins à la plume et lavis d'encre de Chine.

VRIESE (J. Vredeman de)

667 — Monuments d'architecture, en perspective.

A la plume.

WATTEAU (Antoine)

668 — Trophées.

Onze dessins d'une suite de douze qui ont été gravés par Huquier, sous ce titre : *Livre nouveau de différens trophées inventés par A. Watteau, gravés et publiés par Huquier.* A la sanguine.

669 — Cartouche, avec paysage au milieu, où sont représentés, assis, une jeune femme et un joueur de mandoline.

A la sanguine.

670 — La Pèlerine, — le Rendez-vous de Colombine et Arlequin. Deux compositions dans des cartouches d'ornement.

Au crayon noir et lavis d'encre de Chine ; ont été gravés.

WEINLIG

671 — Salle à manger de l'hôtel Montesquiou à Paris.

Deux dessins au lavis d'aquarelle, signés.

ZANETTI (A.-Ant.-M.)

672 — Cartouches.

Quatre dessins au lavis de bistre, rehaussés de blanc.

ZUCCHARO

673 — Le Bon pasteur, représenté debout dans une niche; de chaque côté, les statues de la Foi et de la Charité.

A la plume et lavis de sépia.

DESSINS ENCADRÉS

BOUCHER (F.)

674 — Le Char du soleil sur des nuages, avec figures allégoriques.

A la plume et lavis d'encre de Chine; dans un cadre en bois sculpté.

DELAFOSSE (J.-Ch.)

675 — Fontaine monumentale pour décoration d'un établissement de bains; sur le devant, des nymphes au bain surprises par des satyres.

Au lavis d'encre de Chine et d'aquarelle, signé et daté 1770.

676 — Projet pour une entrée d'école militaire; en haut, les armes du roi avec drapeaux et attributs militaires.

A la plume et lavis d'encre de Chine, signé.

DE WAILLY

677 — Galerie d'un palais; au milieu, sur un piédestal, un groupe représentant les trois Grâces.

A la plume et lavis d'encre de Chine et sépia.

LEBARBIER

678 — Décoration pour un plafond, avec composition allégorique dans une bordure d'ornement.

Au lavis d'aquarelle.

LEMOINE

679 — Décoration pour plafond ; au milieu est représenté le Triomphe de Vénus.

Au lavis d'encre de Chine et d'aquarelle.

MAITRE SUISSE AU MONOGRAMME A. G. I. V.

680 — *Portrait et armoiries de Herman d'Andlau, chevalier de l'ordre de Saint-Jean de Jérusalem, commandeur de Bâle et de Reimfeld.* In-fol., dans un cadre en bois noir.

Beau dessin à la plume, lavé d'encre de Chine, destiné à servir de modèle pour un vitrail. Sur la plateforme d'un portique, à gauche est le chevalier debout, armé de pied en cap et à droite l'écusson avec ses armoiries *d'or à la croix de gueules*, surmontées d'un casque avec ses lambrequins et d'un cimier. A côté est un monogramme composé de lettres A G I V et la date 1601. Dans le cartouche du bas, l'inscription : *Herman von Andlauw. S. Johanordens Ritter. Commenthür zu Basel und Reinfelden.* 1601. Dans l'ouverture supérieure du portique est représenté un combat entre les galères de l'ordre de Malte et les Turcs.

MARILLIER (C.-P.)

681 — Cartouche avec guirlandes de fleurs et de rubans; en bas, un enfant nu assis, tenant un miroir de la main droite.

Au lavis d'aquarelle. Cadre en bois sculpté.

MAURER (Christophe)

682 — *Un Episode des guerres suisses.* Gr. in-fol., dans un cadre en bois noir.

Beau dessein à la plume, lavé d'encre de Chine. Dans l'ouverture d'un riche portique, décoré de statues d'Alexandre le Grand et de Pompée, est représenté un épisode des guerres suisses. Au fond, à droite une bataille de cavalerie sur les bords d'un lac ; à gauche, l'apparition de la sainte Vierge à un homme endormi dans un bois ; au premier plan, un chef prenant la main à une jeune femme en pleurs et trois autres personnes sur les marches ou au pied d'un escalier. Sur la plate-forme du portique, le monogramme de l'artiste, composé des lettres C T S M V, suivi du nom de sa ville natale : *Zurich*. et de la date 1580. Le bas est occupé par un grand cartouche avec un écusson en blanc au centre.

Christoph Maurer, peintre et graveur, né en 1558, mort en 1614, était élève de son père puis de Tobias Stimmer.

MAURER (Christophe)

683 — *Un Episode des guerres suisses.* Gr. in-fol., dans un cadre en bois noir.

Dessin à la plume, lavé d'encre de Chine, servant de pendant au précédent. Le portique est décoré des statues de Scipion l'africain et de Jules César. Au fond, sur les flots d'un lac, on voit une galère de guerre sautant en l'air. En avant, à gauche, deux soldats amènent un chef prisonnier. Au premier plan, à droite, dans le vestibule d'un palais, est assis un empereur ou un prince, entouré de guerriers.

STIMMER (Tobias)

684 — *Armoiries historiées du canton de Schwytz.* In-fol., dans un cadre en bois noir.

Fort beau dessin à la plume, lavé d'encre de Chine, destiné sans doute à servir de modèle pour un vitrail. Il représente un portique d'une riche architecture, au-dessus duquel sont figurées deux scènes de la légende de Guillaume Tell. Sur le devant, deux guerriers suisses debout, sont placés aux côtés d'un écusson aux armoiries de l'Empire, surmontées de la couronne impériale, et appuyés sur deux autres écussons accolés restés en blanc. Dans un cartouche, l'inscription : *Ohrt Schweiz.* 1579. Plus bas, dans une frise, les initiales T. S.

685 — *Armoiries de la ville de Zug.* In-fol., dans un cadre en bois noir.

Pendant du dessin décrit ci-dessus, et d'un agencement analogue. Au-dessous du portique est représentée une bataille. Le cartouche de la frise du bas porte l'inscription : *Stait Zug.* 1579.

VÉRONÈSE (P.)

686 — Plafond d'un palais, à Venise.

A la plume et lavis de sépia.

Imp. D. Dumoulin et Cie, rue des Grands-Augustins, 5, à Paris.

www.ingramcontent.com/pod-product-compliance
Ingram Content Group UK Ltd.
Pitfield, Milton Keynes, MK11 3LW, UK
UKHW020325220726
13923UKWH00003B/1375

9 782019 308902